# BEI GRIN MACHT SICH IHR WISSEN BEZAHLT

AF149229

- Wir veröffentlichen Ihre Hausarbeit,
  Bachelor- und Masterarbeit

- Ihr eigenes eBook und Buch -
  weltweit in allen wichtigen Shops

- Verdienen Sie an jedem Verkauf

## Jetzt bei www.GRIN.com hochladen und kostenlos publizieren

Julia Fischer

# Playback-Theater nach Jonathan Fox

GRIN Verlag

**Bibliografische Information der Deutschen Nationalbibliothek:**

Die Deutsche Bibliothek verzeichnet diese Publikation in der Deutschen National-
bibliografie; detaillierte bibliografische Daten sind im Internet über http://dnb.d-
nb.de/ abrufbar.

Dieses Werk sowie alle darin enthaltenen einzelnen Beiträge und Abbildungen
sind urheberrechtlich geschützt. Jede Verwertung, die nicht ausdrücklich vom
Urheberrechtsschutz zugelassen ist, bedarf der vorherigen Zustimmung des Verla-
ges. Das gilt insbesondere für Vervielfältigungen, Bearbeitungen, Übersetzungen,
Mikroverfilmungen, Auswertungen durch Datenbanken und für die Einspeicherung
und Verarbeitung in elektronische Systeme. Alle Rechte, auch die des auszugsweisen
Nachdrucks, der fotomechanischen Wiedergabe (einschließlich Mikrokopie) sowie
der Auswertung durch Datenbanken oder ähnliche Einrichtungen, vorbehalten.

**Impressum:**

Copyright © 2006 GRIN Verlag GmbH
Druck und Bindung: Books on Demand GmbH, Norderstedt Germany
ISBN: 978-3-640-16123-2

**Dieses Buch bei GRIN:**

http://www.grin.com/de/e-book/114497/playback-theater-nach-jonathan-fox

**GRIN - Your knowledge has value**

Der GRIN Verlag publiziert seit 1998 wissenschaftliche Arbeiten von Studenten, Hochschullehrern und anderen Akademikern als eBook und gedrucktes Buch. Die Verlagswebsite www.grin.com ist die ideale Plattform zur Veröffentlichung von Hausarbeiten, Abschlussarbeiten, wissenschaftlichen Aufsätzen, Dissertationen und Fachbüchern.

**Besuchen Sie uns im Internet:**

http://www.grin.com/

http://www.facebook.com/grincom

http://www.twitter.com/grin_com

# Playback-Theater nach Jonathan Fox

**Referat im Studiengang Kommunikationspsychologie**

**Seminar: Ästhetische Kommunikation in pädagogischen und psychologischen Arbeitsfeldern**

**WS 2006/2007**

Hochschule Zittau / Görlitz (FH)

Fachbereich Sozialwesen

**Verfasserin: Julia Fischer**

Datum der Abgabe: 19.12.2006

# Inhalt

## 1. Einführung

Vor der Beschäftigung mit dem Thema „Playback-Theater" hatte ich keine Ahnung, was es mit diesem Begriff auf sich haben könnte. Meine erste Vermutung war dahingehend, dass die Schauspieler auf einer Bühne spontan mit einer Tonaufnahme konfrontiert werden, die sie dann spielerisch in Szene setzen sollen, um somit das Publikum durch ihre Improvisation zu unterhalten.

Während der Recherche zu meinem Referat musste ich jedoch schnell feststellen, dass diese erste Annahme falsch war, obwohl ich mit meiner Vermutung der Improvisation nicht gänzlich daneben lag. Immerhin stellt diese Art von Theater eine Form des Improvisationstheaters dar.

In meinen folgenden Ausführungen möchte ich zunächst einige Definitionen zum Begriff Playback-Theater anbringen und schließlich auf seine Prinzipien und Anwendungsfelder kommen. Den Hauptteil meines Referates bilden die Elemente, die in einer Playbacktheater-Aufführung zur Anwendung kommen können. Abschließend werde ich noch erläutern, welche Eigenschaften und Fähigkeiten ein „guter" Playback-Schauspieler haben sollte.

## 2. Definitionen

Eine umfassende Definition zum Begriff Playback-Theater lässt sich bei der Internet-Enzyklopädie Wikipedia (2006) finden. Danach ist es:

> „... Improvisationstheater mit der Besonderheit, dass die Zuschauer über persönliche Erfahrungen sprechen oder Begebenheiten aus ihrem Leben erzählen. In der Folge können sie zusehen, wie diese auf der Bühne in Szene gesetzt werden. Die Spieler/innen setzen mittels Körperausdruck, sprachlicher Improvisation und Musik die Schilderungen der Zuschauer so um, dass die Alltagserfahrungen einen tieferen Sinn, Schönheit und mythische Dimension erhalten - es geschieht ein „zurück spielen" (play back).
>
> Playback-Theater schätzt den Wert persönlicher Erfahrungen, versetzt Menschen in die Lage, ihr Leben in neuer Weise zu sehen und verstärkt menschliche Begegnung." (Wikipedia 2006)

Die Mitbegründerin des Playback-Theaters Jo Salas (1998) beschreibt es ebenfalls als eine Form der Improvisation, die:

> „... beruht auf Geschichten von mehr oder weniger alltäglichen Ereignissen, die bei einer Vorstellung erzählt werden – Träume, Erinnerungen, Phantasien, Tragödien und Farcen: Momentaufnahmen aus dem Leben wirklicher Menschen. Diese Improvisation ist leicht zugänglich und macht Spaß, birgt aber Differenziertheit und tieferen, subtileren Sinn. Sie findet in Theatern statt, aber auch außerhalb – tatsächlich funktioniert sie in jeder Umgebung, gerade weil sie sich von ihrem Selbstverständnis her den Bedürfnissen und Anliegen aller Anwesenden öffnet. Ob von routinierten Schauspielern oder unbeholfenen Anfängern praktiziert, das Playback-Theater würdigt die Erfahrung einzelner und die Beziehungen zwischen Menschen (...) durch ihre Geschichten." (Salas 1998, S. 13)

In einem weiteren Zitat von Henry Thorau in der ZEIT heißt es:

> „Oft fließen im Playback-Theater Tränen der Trauer und des Glücks, verlassen Zuschauer den Stuhl des Erzählers mit dem festen Entschluß, es der Welt zu zeigen. Manchmal sind das dann die Momente, in denen am Horizont Piscator und Boal auftauchen, Playback-Theaterszenen zum politischen Forum oder Tribunal werden." (Thorau, zitiert nach Salas 1998, S.210)

## 3. Prinzipien und Anwendungsmöglichkeiten

Die Grundannahme des Playback-Theaters ist, dass jeder Mensch kreative Fähigkeiten besitzt und über ein Bedürfnis verfügt, sich auszudrücken. Einzelne Mitglieder einer Gemeinschaft sollen die Möglichkeit bekommen, sich mit ihren Erfahrungen, Erlebnissen, Träumen und Wünschen den anderen Gruppenmitgliedern mitzuteilen und dabei regt die Playback-Darstellung sie zur Selbsterkenntnis und Reflexion an. Parallel dazu wird die Kommunikation innerhalb der Gesamtgruppe gefördert, was ausschließlich unter der Voraussetzung möglich ist, dass die Schauspieler jeden Erzähler mit seiner persönlichen Geschichte akzeptieren und diese weder bewerten noch kritisieren.

Nach Jonathan Fox ergeben sich für jede Playbacktheater-Aufführung folgende 3 Grundprinzipien:
- Der Ausgangspunkt einer jeden Erzählung ist immer eine persönliche Erfahrung.
- Jede Erfahrung sollte als wertvoll betrachtet werden und wird von den Schauspielern akzeptiert und gespielt.

- Das Mitteilen von persönlichen Erfahrungen lässt ein Gefühl von Gemeinschaft innerhalb einer Gruppe entstehen, was zur kulturellen Kohäsion dieser Gruppe beiträgt.

Hier wird deutlich, dass sich Playback-Theater praktisch für jede interessierte Gruppe eignet, woraus sich seine vielfältigen Anwendungsmöglichkeiten ableiten lassen. Dabei kann eine Playbacktheater-Aufführung entweder durch eine eingeladene Schauspielgruppe realisiert werden oder die betreffende Gruppe spielt selbst unter der Anleitung eines erfahrenen Spielleiters.

Die zahlreichen Anwendungen von Playback-Theater sollen anhand folgender Beispiele verdeutlicht werden:

- Trainingsmethode für Gruppenleiter und Therapeuten: Hier können durch die Rollen der Spielleiter und Schauspieler beispielsweise folgende Fertigkeiten entwickelt werden: Flexibilität, Auffassungsgabe, Reaktionsvermögen, Intuition, Sensibilität, Zuhören, vielseitiges Rollenrepertoire, eigene kreative Potenziale sowie Spontaneität.

- Bildungswesen: Hier kann beispielsweise nach Abschluss einer Projektwoche zum jeweiligen Thema eine Playbacktheater-Aufführung stattfinden, in der sich persönliche Lernerfahrungen mitgeteilt und durch die Schauspieler noch vertieft werden können.

- Auftakt- oder Schlussveranstaltung einer Tagung oder Konferenz: Playback-Theater stellt hier ein gutes Mittel dar, um unterschiedliche Positionen, Meinungen und Erfahrungen zu veranschaulichen. In der Unparteilichkeit der Schauspieler liegt bei sehr kontrovers diskutierten Themen ein enormer Vorteil. Sie müssen in ihrem Spiel keine Rücksicht nehmen und tragen somit zur Gruppenkohäsion bei. Zu Beginn einer Konferenz können durch Playback-Theater die Befürchtungen, Hoffnungen und Erwartungen der Teilnehmer gespielt werden, wodurch das Spektrum der verschiedenen Meinungen deutlich wird.

(vgl. Meyer, S. 6f.)

Jonathan Fox (1999) beschreibt folgende Einsatzmöglichkeiten von Playback-Theater:

- als auf die Gemeinde bezogenes Theater: Hiermit sind die ursprünglichen Auftritte jeden ersten Freitag im Monat gemeint, sich weithin verbreitet haben.

- im Feld der Erziehung: Playback-Theater wurde von Beginn an auch in Schulen gespielt, damit sich Kinder ihrer Gefühle im Spiel versichern können. Teilweise wurden auch schulische Playback-Auftritte auf Lehrpläne zugeschneidert und in das Curriculum mit aufgenommen. Weiterhin wird versucht, Playback-Theater auf die universitäre Ebene auszuweiten, indem studentische Gruppen gegründet werden und Playback ins Studium einbezogen wird.

- im Bereich sozialer Dienste: Beispielsweise werden in Workshops, bei denen die Teilnehmer eingeladen werden, sich gegenseitig ihre Geschichten vorzuspielen, Fähigkeiten des Zuhörens und Mitteilens ausgebildet.

- als Markierung des Übergangs: Oftmals werden Playback-Teams zur Orientierung, bei der Gestaltung von Übergängen, als Teil von Jahrestreffen und bei ähnlichen Gelegenheiten eingesetzt, um der Gruppe einen Weg zu eröffnen, ihre Gefühle in einer Situation des Wandels miteinander zu teilen.

- in der Organisationsentwicklung: Playback-Theater wird auch häufig dazu genutzt, um eine Integration von emotionalen mit kognitiven Reaktionen zu erreichen oder um Teamwork als Modell vorzuführen und zu unterrichten. Weiterhin kann durch diese Theaterform auch ein Bewusstsein für spezifische Themen wie etwa Verschiedenheit und Unternehmenskultur geschaffen werden.

- in der Therapie: Klienten werden dazu eingeladen, irgendeinen Moment aus ihrem Leben zu erzählen, ganz gleich wie klein und unbedeutend er vielleicht ist. Deshalb nehmen sie Playback-Theater oftmals als nicht-bedrohlich wahr, da hier nicht wie beispielsweise beim Psychodrama das Hauptproblem in den Vordergrund gerückt wird. Auch als Rollentraining ist Playback effektiv, in dem Wert darauf gelegt wird, dass Klienten selbst spielen.

(vgl. Fox 1999, S. 15f.)


## 4. Elemente im Playback-Theater


Ein Playback-Theater beruht zwar auf Improvisation und Spontaneität, dennoch gibt es auch hier bestimmte Regelmäßigkeiten, die sich bei jeder Aufführung wiederholen und einen festen Bezugsrahmen liefern. In meinen folgenden Ausführungen möchte ich die wichtigsten Elemente dieser Theaterform erläutern.

## 4.1. Warm-up der Zuschauer

Zu Beginn einer jeden Playbacktheater-Aufführung sollte das Warm-up der Zuschauer stehen. Das bedeutet, die anwesenden Personen auf diese Form des Improvisationstheaters einzustimmen und aufzulockern. Durch den Spielleiter soll eine vertrauensvolle Atmosphäre geschafft werden, in der sich die Zuschauer respektiert fühlen und sich gegenseitig sowie den Schauspielern und dem Spielleiter vertrauen. Nur so kann schließlich ein Rahmen entstehen, in dem sie über persönliche Erlebnisse berichten können.

Das Warm-up kann beispielsweise durch folgende Aktionen realisiert werden:

- Bekanntmachen der Zuschauer untereinander
- Begrüßung des Spielleiters
- Kurzes Spiel der Schauspieler
- Gemeinsame Aktion mit den Zuschauern

Der Verlauf einer Playbacktheater-Aufführung hängt entscheidend vom Warm-up der Zuschauer ab (vgl. Meyer, S. 3f.). Wenn die benötigte Atmosphäre nicht in dieser ersten Phase erreicht werden kann, so wird es für die Zuschauer schwierig sein, persönliche Geschichten preis zu geben.

## 4.2. Fließende Skulpturen

Nach der Aufwärmphase ist es noch zu früh, um sich gleich mit persönlichen Geschichten der Zuschauer auseinanderzusetzen. Deshalb folgen zunächst drei bis vier fließende Skulpturen, durch welche die Antworten auf einfache Fragen des Spielleiters durch ein abstraktes Zusammenspiel von Klang und Bewegung versinnbildlicht werden sollen (vgl. Salas 1998, S. 44).

Für die Darstellung von fließenden Skulpturen kann der Spielleiter beispielsweise folgende Fragen an die Zuschauer richten:

- Wie war ihr Tag heute?
- Wie fühlen Sie sich heute abend?
- Welches Wort könnte ihre vergangene Woche beschreiben?

Als Spielleiter sollte man darum bemüht sein, die Fragestellungen möglichst offen zu gestalten, um den Zuschauern somit eine eigene Themenfindung zu ermöglichen (vgl. Meyer, S. 4).

Wenn ein Zuschauer ausreichend auf eine Frage geantwortet hat (der Spielleiter kann ggf. nachfragen), verlässt einer der Schauspieler den Platz, an dem er bisher mit den anderen

Schauspielern gesessen hat. Er geht in die Mitte der Bühne und versucht nun, das geschilderte Gefühl des Zuschauers in Szene zu setzen, indem er beispielsweise eine bestimmte Körperhaltung annimmt oder das Gesagte mittels Mimik und Gestik umsetzt. Nach einer Weile gesellt sich ein zweiter Schauspieler hinzu und trägt zur Szene bei, indem er seine Handlungen mit dem verknüpft, was bereits vorhanden ist. Nacheinander steigen so alle Schauspieler in die Szene mit ein, so dass am Ende eine organisch fließende Menschenskulptur entstanden ist, welche die jeweilige Erfahrung des Zuschauers ausdrückt.

Die fließenden Skulpturen liefern einen flüchtigen Einblick in das Leben einiger Zuschauer und vermitteln die entscheidende Aufgabe des Playback-Theaters: das Übersetzen realer Erfahrung in Theater. Durch diesen Einstieg werden die Zuschauer eingeladen, ihre persönlichen Erlebnisse zu erzählen und ästhetisch umsetzen zu lassen. Es wird jedoch auch erkennbar, dass kein Zwang dazu besteht, sondern die Zuschauer auch weiterhin in einer passiven Rolle am Playback-Theater teilnehmen können (vgl. Salas 1998, S. 45f.).

### 4.3. Szenen bzw. Geschichten

Nun beginnt der eigentliche Teil einer Playbacktheater-Aufführung. Der Spielleiter fragt ins Publikum, wer gerne eine Geschichte erzählen möchte. Es kann hierbei durchaus eine Weile dauern, bis sich jemand zu Wort meldet. Immerhin soll der jeweilige Zuschauer nun auf die Bühne kommen und sich neben den Spielleiter auf den Erzählerstuhl setzen, um seine Geschichte zu erzählen (vgl. Salas 1998, S. 46). Dies kann ein kritischer Moment für Spielleiter und Schauspieler werden, jedoch erzählen die meisten Menschen gern von sich und nutzen die Chance des Playback-Theaters (vgl. Meyer, S. 5).

Wenn sich schließlich ein Zuschauer bereit erklärt hat, für die folgende Szene als Erzähler zu fungieren, werden innerhalb einer Geschichte folgende 5 Stadien durchlaufen:

Das Interview

In diesem ersten Stadium stellt der Spielleiter dem Erzähler verschiedene Fragen, um die Geschichte hervorzulocken. Dabei sollte er versuchen, den Kontakt zwischen Erzähler, Zuschauern und Schauspielern aufrecht zu erhalten. Die zentralen Fragen, die der Strukturierung der Geschichte dienlich sind und gleichermaßen als Hilfestellung für Erzähler und Schauspieler geeignet sind, lauten:

- Was ist passiert?
- Wann ist es passiert?
- Wo ist es passiert?

- Wer war sonst noch dabei?

(vgl. Meyer, S. 5)


Bei dieser Befragung ist es besonders wichtig, das Wesentliche einer Geschichte zu erfassen. Man sollte versuchen, den Grund für diese Erzählung herauszufinden und ein ästhetisches Gespür für Geschichten haben.

Während der Erzählung fordert der Spielleiter den Erzähler auf, für jede Rolle, sobald sie in der Geschichte auftaucht, einen – seiner Meinung nach – geeigneten Schauspieler auszuwählen, auch für sich selbst. Dabei können die Schauspieler auch abstrakte und unbelebte Elemente der Geschichte darstellen, wenn sie von Bedeutung sind. Sobald ein Schauspieler für eine bestimmte Rolle ausgewählt wurde, verharrt er stehend und bereitet sich innerlich auf seine Rolle vor (vgl. Salas 1998, S. 47).

Eine Geschichte muss nicht immer zu Ende erzählt werden. Oftmals hat sie gar kein Ende oder der Spielleiter bittet darum, es offen zu halten, um die Darstellung spannender zu gestalten (vgl. Meyer, S. 5).

Wenn das Interview beendet ist, gibt der Spielleiter noch einmal eine kurze Zusammenfassung der Geschichte und eventuell eine Anregung für die Durchführung. Somit ist seine Aufgabe und die des Erzählers fürs erste erfüllt (vgl. Salas 1998, S. 48).


Die Vorbereitung

In diesem zweiten Stadium wird das Licht herunter gedämmt, der Musiker improvisiert eine Melodie und die Schauspieler wählen eventuell Requisiten und ein einfaches Bühnenbild mittels Kisten aus. Das entscheidende an dieser Vorbereitungsphase ist, dass nicht gesprochen wird. Für die Zuschauer hat dies häufig etwas Magisches, vor allem wenn diese Szene besonders gut läuft. Man fragt sich dann, woher die Schauspieler wissen, was sie zu tun haben, obwohl sie vorher gar nicht miteinander diskutiert haben. Sie sind voll und ganz auf ihr hochentwickeltes Gespür für Geschichten, auf ihr Einfühlungsvermögen für die Bedeutungsebenen dieses Menschen und auf ihre Offenheit füreinander angewiesen. Die Vorbereitungsphase endet damit, dass die Schauspieler schweigend und mit Bedacht ihre Positionen einnehmen. Wenn alle bereit sind, verstummt die Musik und das Licht wird wieder hochgedreht. Die Szene kann nun beginnen (vgl. Salas 1998, S. 48f.)

## Die Darstellung

Hierbei wird nun das vom Erzähler Gesagte durch die Schauspieler in Szene gesetzt. Sie werden gegebenenfalls vom Musiker durch improvisierte Töne und Melodien begleitet. Jonathan Fox (1996) definiert Auftreten als bewusstes Handeln:

> „Auftritte sind selbstreferentielle, sich selbst beeinflussende Handlungen. In dem Maße, wie es Zuschauer gibt, verstärkt sich die Situation und stellt den Auftretenden vor die Aufgabe, so mit den Zuschauern zu kommunizieren, daß sie zu einem entsprechenden Verständnis kommen." (Fox 1996, S. 136)

Beim Playback-Theater ist zu beachten, dass auch bei der Darstellung der Erzählungen alles improvisiert ist. Die Schauspieler haben vorher keine Gelegenheit, sich über die Umsetzung abzusprechen.

## Die Anerkennung

Bei diesem vierten Stadium handelt es sich um den kurzen, aber wichtigen Moment der Bestätigung. Die Schauspieler wenden sich noch in ihrer Bühnenposition dem Erzähler zu und machen ihm somit deutlich, dass sie ihr Bestes versucht haben, seine Geschichte umzusetzen. Die Schauspieler bitten den Erzähler quasi, ihr „Geschenk" anzunehmen und drücken in ihrer Geste Bescheidenheit, Respekt und Mut aus, zu ihrer Aufführung zu stehen, auch wenn sie vielleicht unvollkommen war (vgl. Salas 1998, S. 50).

## Rückgabe an den Erzähler

In dieser letzten Phase tritt der Leiter gemeinsam mit dem Erzähler wieder in den Vordergrund und bittet ihn, sich zu der dargestellten Szene zu äußern (vgl. Salas 1998, S. 51). Dies kann er beispielsweise durch folgende Fragen realisieren:

- War das Ihrer Geschichte ähnlich?
- Inwieweit haben Sie sich in dieser Darstellung wiedergefunden?

Es ist durchaus möglich, dass dem Erzähler in der Darstellung wesentliche Elemente des Erlebnisses gefehlt haben, aber er sich erst danach daran erinnert. Manchmal haben die Erzähler auch andere Phantasien vom Ausgang der Geschichte oder ihrem Verhalten in der Darstellung. Unter Berücksichtung dieser Aspekte kann dann eine zweite Version der Geschichte gespielt werden, wodurch der Erzähler schließlich Verantwortung für seine Situation übernimmt oder eigene Lösungsstrategien entwirft (vgl. Meyer, S. 5).

Transformationen einer bereits gespielten Geschichte können durch aus befreiend für Zuschauer, Schauspieler, aber auch für den Erzähler sein. Jo Salas (1998) hat jedoch im Laufe der Jahre beim Playback-Theater die Erfahrung gemacht,

> „... daß eine Geschichte mit einem schmerzlichen Ende in der Geschichte eines anderen Erzählers so etwas wie eine heilende Ergänzung finden kann. Eine Geschichte antwortet auf die andere und tritt in eine Art subtilen Dialog mit ihr. Das ist von den Erzählern nicht beabsichtigt. (...) Wir bieten die Möglichkeit von Transformationen immer seltener an, im Vertrauen darauf, daß die größere Geschichte sich zu einem Ganzen verknüpft." (Salas 1998, S. 52)

### 4.4. Paare

Bei dieser Form des Playback-Theaters stehen die Schauspieler in Zweiergruppen auf der Bühne. Jedes Paar steht dicht beeinander, mit dem Gesicht zum Publikum und einer hinter dem anderen. Die Anzahl der Paare hängt von der Anzahl der Schauspieler ab.

Der Leiter fordert nun die Zuschauer auf, sich an eine Zeit zu erinnern, in der sie zwei entgegengesetzte oder widerstreitende Gefühle in sich spürten. Wenn jemand aus dem Publikum zwei solche Empfindungen geäußert und dessen Kontext ausreichend begründet hat, berät sich jedes Schauspielerpaar kurz im Flüsterton ausschließlich darüber, wer welches Gefühl spielen wird und wer vorne steht. Der Rest wird wieder improvisiert (vgl. Salas 1998, S. 52f.).

Nun spielen alle Schauspielerpaare nacheinander ihre eigene Version des geschilderten Erlebnisses (vgl. Meyer, S. 5), wobei jede Darstellung weniger als eine Minute dauert. Die beiden eng ineinander verschlungenen Schauspieler kämpfen miteinander und ihre Laute sowie unartikulierten Töne überschneiden sich dabei. Durch das enge Umschlungensein und die Positionen der Schauspieler (hintereinander) wird den Zuschauern die Illusion vermittelt, dass es sich nicht um zwei Personen handelt, sondern um einen Menschen mit zwei widerstreitenden Ichs.

Bei diesem Element des Playback-Theaters sollte jedes Paar verschieden scin und jeweils andere Aspekte der Erfahrung des Erzählers wiedergeben. Durch die Vielfalt der Auslegung dieser Darstellungen wird auch anderen Personen im Publikum die Möglichkeit geboten, sich in den Paaren wiederzuerkennen.

Alle Menschen kennen die Erfahrung, zwischen zwei Gefühlen hin- und hergerissen zu sein, nur zu gut. Diesen inneren Konflikt von zwei völlig fremden Schauspielern dargestellt zu sehen, kann für die Zuschauer äußerst befriedigend sein.

Paare haben die Funktion, eine Änderung im Tempo herbeizuführen, da sie im Vergleich zu den dargestellten Szenen sehr intensiv und konzentriert sind. Außerdem können sie eine Möglichkeit darstellen, in den vorangegangenen Szenen aufgetauchte Themen weiterzuführen (vgl. Salas 1998, S. 53).

### 4.5.  Später entstandene Variationen

Neben den 3 Grundformen des Playback-Theaters (fließende Skulpturen, Szenen und Paare) haben sich im Laufe der Jahre weitere Variationen herausgebildet, die in einer Aufführung vorkommen können. Im folgenden sollen hier einige beschrieben werden.

<u>Chor</u>

Bei dieser Form stehen mindestens drei Schauspieler nah beieinander und bilden eine Art Knäuel. Einer von ihnen beginnt dann mit einer Handlung, wobei er Bewegungen sowie Laute oder Worte einsetzt. Die anderen Schauspieler ahmen ihn daraufhin nach und folgen im Chor seiner Vorgabe. Sobald einem anderen etwas Neues einfällt, wird dies von den anderen aufgegriffen und verstärkt. Dabei können sich die Schauspieler – immer dicht beieinander bleibend – auch über die Bühne bewegen.

Durch diese Variation kann eine Geschichte im Playback-Theater von Anfang bis Ende erzählt werden, sie kann aber auch in konventionell erzählten Szenen als dramatisches Stimmungselement eingesetzt werden (nennt sich dann Stimmungsskulptur).

Die Entwicklung des Chors geht auf Playback-Schauspieler in Australien und Neuseeland zurück (vgl. Salas 1998, S. 54).

<u>Playback-Marionetten</u>

Hierbei kommen entweder Puppen oder auch verschiedenste Gegenstände für die Darstellung zum Einsatz, welche von den hinter einem Vorhang befindlichen Schauspielern gespielt werden. Die Zuschauer sollen hier beispielsweise Haushaltsgegenstände mit menschlichen Eigenschaften ausstatten, wozu sie in diesem phantasievollen und rituellen Zusammenhang auch häufig bereit sind. Es kann mit einer Art kindlichem Spiel verglichen werden und das Aufführungserlebnis wird abwechslungsreicher gestaltet. Durch die verwendeten Marionetten können Dinge auf andere Art und Weise ausgedrückt und es kann anders auf sie reagiert werden. Die Playbacktheater-Gruppe kann den Zuschauern einerseits Gegenstände mitbringen und anbieten, andererseits können sie jedoch auch darum bitten, nach geeigneten Dingen im Raum zu suchen und somit die Zuschauer aktiv in die Auswahl einbeziehen (vgl. Salas 1998, S. 55).

Bildergeschichten

Zu Beginn einer Playbacktheater-Aufführung (während der Aufwärmphase) wird jemand aus dem Publikum aufgefordert, von seinem Platz aus eine Geschichte zu erzählen, die noch wenig ausführlicher sein darf als die Anregung zu einer fließenden Skulptur. Nachdem der Leiter aufmerksam zugehört hat, fasst er das Wesentliche noch einmal in Form von Überschriften zusammen. Dies könnte folgendermaßen aussehen:

-   „Vanessa fährt zur Arbeit und ist spät dran."
-   „Sie fährt sehr schnell und hat beinahe einen Unfall."
-   „Als sie ankommt, ist der Parkplatz leer."
-   „Da fällt ihr ein, dass heute Sonntag ist."

Die Schauspieler formen nach jedem dieser Sätze eine unbewegliche Skulptur, welche eine Phase der Geschichte darstellt. Somit ergibt sich –ähnlich wie bei einem Stummfilm – eine Reihe von Standfotos, deren Untertitel vom Leiter gesprochen werden. Auch bei dieser Form wird die Atmosphäre durch improvisierte Musik untermalt (vgl. Salas 1998, S. 56).

Aktions-Haiku

Diese Darstellungsform beruht auf einer von Jonathan Fox entwickelten Workshop-Übung und ist besonders gut dazu geeignet, eine Aufführung abzurunden.

Ein Schauspieler steht in der Mitte der Bühne und ein zweiter auf einer Seite. Der Leiter bittet nun die Zuschauer, Themen zu nennen, die ihnen während des Abends besonders aufgefallen sind. Danach übergibt er das Wort an die beiden Schauspieler. Derjenige, der in der Mitte steht, fungiert als Sprecher und gibt eine kurze Stellungnahme zu dem ab, was er gerade gehört hat. Der andere Schauspieler hört zunächst zu und bringt dann den Körper des Sprechers in eine Position, die dessen Äußerung versinnbildlichen soll. In der jeweiligen Skulpturenposition formuliert der sprechende Schauspieler den nächsten Satz und das Ganze wiederholt sich.

Die Essenz der Worte und visuellen Bilder, welche in der Zusammenarbeit der beiden Schauspieler liegt, kann einer Playbacktheater-Aufführung einen starken ästhetischen Schlusspunkt setzen (vgl. Salas 1998, S. 56f.).

Zuschauer als Darsteller

Häufig kommt es beim Playback-Theater auch vor, dass die Zuschauer bei einer Aufführung als Darsteller beteiligt werden. Viele Menschen können sich mit den Schauspielern identifizieren, auch wenn sie keinerlei Spielerfahrungen haben, und möchten diese Art von Theater gerne selbst ausprobieren. Die Zuschauer-Schauspieler erhalten zunächst zusätzliche Anleitungen vom Spielleiter, wie sie eine Szene darstellen sollen, und die Playback-Schauspieler helfen ihnen dabei. Sie spielen meistens 1-2 Szenen und nehmen dann wieder ihren Platz im Zuschauerraum ein. Wenn eine Geschichte mit Zuschauer-Darstellern gespielt wird, entsteht nicht selten ungeahnte und unerwartete Spontaneität und Kreativität (vgl. Salas 1998, S. 57f.).

## 5. Playback-Schauspieler

Karin Bettina Gisler (2002), die Leiterin der Züricher Playback-Theater beschäftigte sich mit der Frage, was einen guten Playback-Schauspieler ausmacht. Sie entwarf dazu folgende Tugenden:

- Handwerk → Durch ein gewisses schauspielerisches Können können alle anderen Fähigkeiten besser zur Geltung kommen und es erleichtert dem Publikum zu sehen, zu hören und auch zu verstehen, was auf der Bühne passiert. Zum schauspielerischen Handwerk gehören: gekonnter Umgang mit Stimme, Körper und Sprache sowie Bühnenpräsenz, Ausstrahlung, Gefühl für Timing und Rhythmus.

- Improvisationskunst → Wichtige Werkzeuge für gutes Improvisieren sind: Schnelle und klare Umsetzungsfähigkeit, Ja-sagen zum Geschehen auf der Bühne, die Partner unterstützen, den Fluss der Geschichte weiterführen, Zusammenhänge erkennen und pflegen.

- Psychologisches und systemisches Gespür → Dazu gehören: hinter die Geschichte hören und das Ungesagte herausfiltern, einen wachen Sinn für passende Metaphern und Archetypen entwickeln, die Person des Erzählenden und deren System (Umfeld, Situation, Herkunft, sozialer bzw. politischer Kontext) erfassen und letzlich eine klare Wahl treffen können, welche dieser Aspekte hervorgehoben werden sollen und wo das Gewicht der Geschichte liegen soll.

- Teamplay → Im Team gut zu spielen ist eine sehr wichtige und gleichzeitig schwierige Tugend. Dazu gehören: Unterscheiden, ob die eigenen Impulse dem Ganzen in relevanter Weise dienen (um ihnen zu folgen) oder ob sie vom Wesentlichen wegführen, Führung und Fokus im Spiel an sich nehmen und wieder abgeben, wahrnehmen, was geschieht und die Mitspielenden in ihren Aussagen und

Interpretationen unterstützen, aktiv oder passiv sein, um den Fluss der Geschichte geschickt zu unterstützen.

- Charakter → Playback-Schauspieler sollten über eine möglichst stabile psychische Grundkonstruktion verfügen. Man sollte sich nicht durch grobe Veranstalter, nicht vorhandene Garderoben, Änderungen in letzter Minute, kaum vorhandenes oder schwieriges Publikum aus der Ruhe bringen lassen, sondern unter allen Umständen versuchen, eine gute Aufführung zu bieten. Dazu sollte man den eigenen Gefühlshaushalt im Griff haben und während des Spiels Zweifel, Frust und Betroffenheit aushalten können. Außerdem müsen sich Playback-Schauspieler auch schwierigen Rollen und Situationen kraftvoll stellen und alles in Sekunden zugunsten der nächsten Geschichte wieder loslassen können.

- Playback-Spezifisches → Ein guter Playback-Schauspieler gibt sich der zugewiesenen Rolle voll und ganz hin und behält trotzdem die Übersicht sowohl über das Geschehen auf der Bühne, als auch über die Dramaturgie der zu spielenden Geschichte. Darüber hinaus muss sie oder er auch den schlimmen und schrecklichen Aspekten einer Geschichte nicht nur ins Auge sehen, sondern sie auch aussprechen und ausspielen.

- Allgemeines → Allgemein brauchen gute Playback-Schauspieler: Mut zur Interpretation und zu klaren Entscheidungen, Freude an „bösen" Rollen, Spaß am Unvorhersehbaren, Risikobereitschaft, Freundschaft mit dem Unperfekten

(vgl. Gisler 2002)

## 6. Schlussworte

Durch die Beschäftigung mit dem Thema Playback-Theater hat sich mir ein völlig neuer Bereich der ästhetischen Kommunikation eröffnet, den ich sehr interessant und wichtig finde. Playback-Theater kann in fast allen Bereichen und Gruppen zur Anwendung kommen und stellt einen äußerst kreativen Umgang mit Gefühlen, Erlebnissen und Erfahrungen dar.

# Quellenverzeichnis

## Literatur:

- Fox, Jonathan. (Hrsg.). (1999). Playbacktheater – wo Geschichten sich begegnen. Internationale Beiträge zur Theorie und Praxis des Playbacktheaters. Hildesheim: Claasen Verlag

- Fox, Jonathan. (1996). Renaissance einer alten Tradition. Playback Theater. Köln: inScenario Verlag.

- Meyer, Ingeborg. Playbacktheater. Theater aus dem Bauch. (Text aus dem Intranet)

- Salas, Jo. (1998). Playback-Theater. Berlin: Alexander Verlag.

## Weitere Quellen:

- Gisler, Karin Bettina. (2002). Die sieben Tugenden der Playback-Schauspielerei. Was brauchen „gute" Playback-Spieler? [HTML-Seite]. Verfügbar unter: http://www.playbacknet.org/members/bonndorf/mi7tugkg.htm [19.12.06]

- Wikipedia. (2006). Playback Theater. [HTML-Seite]. Verfügbar unter: http://de.wikipedia.org/wiki/Playback_Theater [19.12.06]